Salomon singt

Seit Mitte der achziger Jahre schreibt Anne Höver Gedichte und Erzählungen. Dieses Buch enthält neuere Liebesgedichte und schönste Verse aus ihren früheren Büchern.

Anne Höver ist Diplompsychologin.
Sie ist Mitglied im Laienorden der Franziskaner (OFS)

© 2020 Anne Höver
Herstellung und Verlag: BoD - Books on Demand, Norderstedt
ISBN 978-3-7504-9944-7

Anne Höver

Salomon singt

Gedichte

Der Flötenspieler

Silbern schwingt
fein und leis
äonenweit durchs All
sternschimmernd
ein Klang
Flötenbläser und Rohr
sind eins

Der Tänzer

Der Tänzer
zierlich und fein
kommt tanzend herein
geht auf die Spitze
dreht sich
und hebt sich
öffnet die Arme
schreitet
und fliegt in den Himmel hinein

Liebeslied von Salomon

Salomon
in all seiner Pracht
und Herrlichkeit
In seinem Rosengeschmeide
glitzernd in weißer Seide
singt er für die schönste
betörende allerfeinste
ebenholzfarbene
schwarzlockige Königin
von Saaba

Mein Kirschherz

Sonnenatem kommt von dir
mein Kirschherz ist voll Süße
am blauen, blauen Himmel
sinken Engel hin zu mir
und küssen meine Stirn
unendlich leicht
ist Liebesduft
Da schwellen Rosen
mir im Blute
Um mich liegt
Samthauch in der Luft

Mit fliegenden Pferden

Mit fliegenden Pferden
tanzenden Harlekinen
bunt schillernd rotweißen Vögeln
mit tausend Rosen
und bunten Blumen
weiß, violett
gelb und blau im Arm
erträum ich dein Kommen
heut Nacht
Es küsst der Morgen
die schweren Lider
noch schweb ich
im Sternenall
da schlag ich die Augen auf
Goldsonnig
streicht dein Liebesatem
über mein Gesicht
Nachttanz der Frühe
Bis am Morgen
das Licht
unsere Leiber umarmt

Blaugrüner Fisch

Blaugrüner Fisch
in der Luft
silberne Perlen
von Duft
schwebst du
im Sonnenwasser
und steigst
in tausend Höhen
jenseits der Himmel
in lichte Welten

Das Erdbeerkleid

Heut tanzt sie wieder
schwebt im Erdbeerkleid
zarte Spitze
Blütenduft
gelocktes Haar
feiner Erdbeermund
geöffnet rund
schmeckt nach roter Süße

Blaue Fische singen

Blaue Fische singen
tanzen im Luftgespinst
Goldene Wolken
umhüllen rote, rote Rosen
Weiße Flügel
schweben hernieder
mit zarter Musik
auf dunkelblaue
Wellen des Himmels
Über türkisen Meeren
singen blaue Fische
leise zu den Sternen

Goldtanz der Frühe

Schwarzes Haar
ebenholzfarben
Porzellangesicht
ruhende Augen im Licht
Rosenhauch
Atem von Weihrauch umhüllt
schwebt dein Gesicht
Goldtanz der Frühe
ins helle Licht

Es sonnt die Sonne

Es sonnt die Sonne golden
im blauen Ätherfirmament
Es blüht die dunkelrote Rose
mit feinem süßem Duft
Ein Hauch so sanft
schwebt leise
über allen Blüten
Sternblumen fliegen
in die Ewigkeit
zur blauen, blauen Bläue
zum Mittagshimmel hin

Das warme Cello

Das warme Cello
spielt ein Engel
im dunkelblauen
Abendfirmament
Es tönen klagend
seine Lieder
Es schwingt
der Klang
ergreifend
in die Ewigkeit

Drei blaue Pferde

Sternenwind
in blauer Nacht
Drei blaue Pferde
schweben durch die
blaue Sommerluft
Küssende Paare
im blauen Schatten
Sternschnuppenregen
Nachts steigt
der Fliederduft
in die Bäume
Über allem
der blaue Hauch der Nacht

Blaues Sextett

Blaue Trompete
bläst blaue Töne
das Kornett kommt hinzu
mit blauer Melodie
Ein Posaunist
setzt ein
Ein blaues Spiel
Es ruft das Horn
blau, blau, blau
Die Tuba tönt
in Blau
ein Susaphon
mit blauer Antwort
blauem Ton
Blausextett

Der alte Geigengenspieler

Inspiriert von Bildern Marc Chagalls

Am Straßenrand
spielt sanft
ein Geigenspieler
jeden Tag
Bunte Blumensträuße
spielt er heute
Gelbe und blaue
Blütendolden
steigen auf
hoch über
rote Dächer
Am Himmel
schwebt
im rosa Abendschein
ein kussumschlungenes
Liebespaar

Liebesgebet

Ein Kuss
auf die Wange des Liebsten
zartes Händestreicheln
eine Umarmung am Abend
Augen in liebende Augen
zärtliche Blicke
leise Berührung
zart
Sanftmut
nächtliches Gebet

Sonnenrhythmus

Der Rhythmus
des goldenen Gestirns
schwingt in der Milchstraße
Es wandert die Sonne
im Sternenhaus
durch die Zeit
Göttliches Gleichnis
Sonnenlicht
goldenes Gestirn
Der dir gab
deinen Rhythmus
dein Licht
dein Weltschöpfer Jahwe

Die Farbformsinfonie

In Erinnerung an den synästhetisch begabten
Professor Anton Hajos

Mit roten Tupfern

erklingt das Klavier

Im gelben Bogen

erheben sich

die Geigenklänge

Sie wandern

und schwingen

bis die Querflöte

silberne Linien malt

Der Trompete

blaue Quadrate entstehen

Die Tuba dazu

große runde Form

Es erscheint

das bunte Bild

der ziehenden

roten Tupfen

der gelben Kreise

blauer Quadrate

dazwischen hellgelbe Dreiecke
Kurze Trompetentöne
Dunkelrotes Fagott erklingt
Farben, Formen ziehen
bis das Orchester verstummt
Dem Zuschauer
und Hörer
bleibt die Erinnerung

Der Langstreckenläufer

Früh morgens
wenn mit der Dämmerung
der Tag erwacht
Tau auf allen Feldern liegt
erste Sonnenstrahlen
durch die Wipfel brechen
tritt er aus dem Haus
streckt die Glieder
atmet Morgenluft
spürt jede Faser
seines Körpers

Beginnt auf dem Fußweg
leicht zu laufen
bis zum Feld
der Wald ist nahe
Jeden Meter fühlt er
unter seiner Sohle
jeden Schritt
Vorbei ziehen Büsche
kleine Tannen
Er sieht
die großen Bäume
erreicht den Wald
Die Stämme wandern
an ihm vorbei
Licht und Schatten
Äste liegen auf dem Weg
Weich ist der Waldboden
unter seinen Schuhen
Er sinkt leicht ein
die Sonnenstrahlen
werden golden
Vögel zwitschern
Nebel
steht zwischen den Bäumen

Er atmet tief
fühlt die Wärme
seiner Glieder
Ganz allein
auf weiter Flur
zieht er
seinen morgendlichen Kreis
bis er schwitzend
und doch erfrischt
das heimatliche
Gartentor erreicht
und ein warmer Schauer
seinen Körper überläuft

Pfirsich-Stillleben

Irdene Obstschale
Innen
schmiegen sich
drei orange-apricotfarbene
saftig reife Pfirsiche
Die Haut so duftig
samtig, pelzig, zart
Süßer Geruch steigt auf
Nektararoma
für Götter im Olymp

Dir leuchten die Kristalle

Dir leuchten die Kristalle
über der Erde
und unter der Erde
Dir funkeln die Sterne
Und die Steine
singen Dir Dein Lied
Die Milchstraße wirbelt
in Deinem Rhythmus
Im Sandkorn
drehen sich
zu Deinem Pulsschlag
die Elektronen
Die ganze Erde tanzt
Dir oh Gott
Deinen Reigen
Oben und unten
schwingen alle Wesen in Dir
singen und tanzen ins Licht
nach Deinem Gesetz

Yin und Yang

Erkennen ohne Hingabe
bringt Erstarrung
Hingabe ohne Erkennen
stürzt in Torheit
Erst wo das Eine
das Andere treibt
wird neues Leben gezeugt

Das Monochord

Für Pythagoras

Die Saite eins
sie klingt und schwingt
Die Prim erklingt
Ein zweiter Schritt
ein neuer Ton
Sekunde hört man schon
Die Terz der dritte Schritt
der Philosoph singt mit
Die Quart ertönt
die Saite schwingt
Die Quint ergänzt die Melodie
Die Sext erstrahlt
der Philosoph
drängt fein
mit der Septim
Zum Schluss
mit der Oktav
kommt der Genuss

Leise

Leise, leise
pocht das Schweigen
fein an meine Tür
Du bist da
die Gegenwart ist Leben
Eben schlägt
das Herz ganz warm
Ruhiger Atemzug
Leise, leise
pocht das Leben
zart in mir

Sternengesicht

Sternengesicht
kosmisches Licht
Lächeln aus weiter Ferne
Strahlende Augen der Sterne
Es blickt mich an
dein Sternengesicht
aus funkelndem Licht
Zärtliche Augen
schauen nachts auf mich
Du guter Schöpfer des Weltalls
Dein Gesicht
aus reinstem weißen Licht

Ritt auf dem großen Bären

Heute Nacht
funkeln die Sterne
Wir reiten
auf dem großen Bären
sitzen
auf seinem lichten Rücken
reiten hinein
in tausend Galaxien
getragen von Sternen
hinein in das singende Weltall
in das große kosmische Konzert

Kubistisches

Der Dreiecksstier der springt
Die Kugelgämse singt
Der Oktaeaderlöwe
pfeift ganz leise
und auch auf seine Weise
der Quadratpirol

Rumi

Es klingt Musik
von Konya
bis nach Samarkand
Ein Licht strahlt
über allem Land
Der Gottesfreund
singt sein Gedicht
Er schwebt im Tanz
ins helle Licht

Mevlana Rumi gewidmet
dem dichtenden und tanzenden Sufi

Venedig

Funkelnder Kristallleuchter
in tausend Facetten geschliffene
hängende Tropfen
im roten Salon
Wände
von venezianischem Seidenbrokat
goldene Sessel
mit Schwanenlehnen
rote Samtpolster
goldenes Tischrund
Spiegelsalon
geheimnisvolle Palazzi
inmitten sagenumwobener Kanäle
der versunkenen Stadt

Kristallkonzert

Geschliffenes Kristall
vieltausend Facetten
gebrochenes Licht
feiner fließender Klang
lebende Farben
Photonengesang
göttliches Licht
im strahlenden Glanz

Goldner Klang

Goldner Klang
Gong der Seligkeit
Schwingen der Gezeiten
Sternenlieder
funkelnde Wellen
singende Strahlen von Licht
im Meer des Firmaments
Nachthimmel
der Unendlichkeit

Die Luft atmet

Die Luft atmet
am frühen Morgen
der Wind singt
Der Morgenstern leuchtet
über dem tiefblauen Meer
Der Tau
bedeckt die Gräser
bis ein leuchtender
warmer
orangeroter Ball
die Frühsonne
über dem Horizont aufgeht
und die ersten Strahlen
die Wangen
meines schlafenden Kindes
streicheln

Tempeltanz

Golden schimmernde Armbänder
aus dem Orient
schmücken die Geliebte
hell silberner Zimbelklang
berauschende Düfte
Moschus und Rosenöl
entströmen beim Tempeltanz
Schillernde Farben
orange, rot, blau, violett
safranfarbene Seide
verhüllende Saris
Weihrauch steigt auf
die kosmische Sitar erklingt
die Tablatrommler rufen herbei
zur Anbetung
des einen allerhöchsten Gottes

Jeruschalajim

Rosenfarbenes Sonnenlicht
in Jeruschalajim
Lämmerlöckchen der Kinder
jüdische Männer
mit schwarzen Hüten
Ölgärten
silberne Bäume
Granatapfelkronen der Thora
singende Kantoren
Mit Thorarollen
in Samt gehüllt
verneigen sich die Rabbiner
Eng ans Herz gedrückt
die geschmückten Rollen
mit der Süße der Schwermut
und der Seligkeit
der Erfüllung
im Paradies
im Hier und Jetzt
in der Ewigkeit

Golden und blau
erstrahlt der Davidsstern

Golden und blau
erstrahlt der Davidsstern
In goldenem Atem
der Rabbiner
Granatapfelkronen der Thora
getragen in die Ewigkeit
Der höchste Gott
Er segnet gütig
seine Kinder
in der Synagoge
Golden und blau
erstrahlt der Davidstern
ein Zeichen für Gottes Güte

Frühling in Griechenland

Blaue Kuppeln
mit den goldnen Sternen
Kirschduft
von tausend Blüten
Ölbäume
dicht am Strand
weißer Sand
weiße Häuser
Blaue Wicken
wachsen an den Türen
Saphirblau das Meer
Frühling in Griechenland

Apoll von Tenea

Apoll, du Schöner
mit feinem Mund
rätselhaft
stolz und weise
ein herrlicher Körper
schlanke, hohe Hüften
zierliche Schenkel
lange, wallende Locken
Mandelaugen
die lächeln

Weiße Einhörner

Weiße Einhörner
fliegen durch die Nacht
über weiße Märchenstädte
über Schlösser mit roten Kuppeln
zu den Kirschbäumen
mit den süßen, roten Früchten

Himmelsleiter

Himmelsleiter
ins gestirnte Blau
hin zum lichtem All
Engel schweben auf und nieder
Muse kommt zum Dichter
Es führt ein lichter Seraphim
ihn zu dem Allerhöchsten

Brillantgesänge
aus Tausendundeiner Nacht

Brillantgesänge
ertönen vom Himmel
aus der Sternenwelt
über der Stadt
mit den tausend Minaretten
den blautürkisen Moscheen
Tausendundeine Nacht
duftet nach Rosen
nach Moschus
Feen erzählen den Kindern
Märchen aus alten Tagen

Der Tanz der Weltalle

Jenseits unseres Weltalls
in einem ruhenden Raum
in dem das Licht
und die Materie
unseres explodierenden Alls
noch nicht waren
tanzt eine Welt
unendlich vieler Weltalle
im unendlichen Raum
weit voneinander entfernt
einen Reigen
in diesem Metaraum
Eine große Choreographie
ein strahlender, bunter
gemeinsamer Tanz
nach dem Willen
des Weltschöpfers Jahwe

Und wär die Sonne tausendfach
würd doch ihr Licht nicht reichen
um meines Gottes Lichterpracht
nur irgendwie zu gleichen

Von Anne Höver sind bei BoD noch erhältlich die Titel „Die Nachtigall", „Licht im Licht" „Mandelzweig und Eisvogel" und „Karols unendliche Reise"